Richard Deiss

Knoblauchkönig und Pfefferminzje

Städtische Originale in Rheinland-Pfalz, Hessen, im Saarland und in Thüringen und ihre Denkmäler

Impressum

Autor: Richard Deiss
Fotografien/Cover: Richard Deiss/siehe Quellennachweis

Kontakt: richard.deiss@gmail.com

Verlag: BoD • Books on Demand GmbH,
        In de Tarpen 42, 22848 Norderstedt,
        Printed in Germany
Druck: Libri Plureos GmbH,
        Friedensallee 273, 22763 Hamburg

ISBN: 978-3-7597-7475-0

Erste Auflage 2024, Originalausgabe

Bibliografische Information der Deutschen Nationalbibliothek
Die Deutsche Nationalbibliothek verzeichnet diese Publikation in der Deutschen Nationalbibliografie; detaillierte bibliografische Daten sind im Internet über http://dnb.d-nb.de abrufbar

Inhalt

Vorwort   5

    1. Rheinland-Pfalz   7
    2. Saarland   38
    3. Hessen   39
    4. Thüringen   62

Schlusswort/Zum Autor   69
Anhang   71

Quellennachweis   77

Vorwort

Ich bin ein Städte-Vielreisender und habe in Deutschland bereits 1545 Städte besucht. Bei diesen vielen Städtebesuchen stieß ich immer wieder auf interessante Personendenkmäler. Besonders beeindruckt hatte mich dabei die Bronzestatue des Hamburger Originals Zitronenjette. Im Spätsommer 2022 fasste ich dann den Beschluss, weitere Originale-Denkmäler für ein eigenes Buch zu diesem Thema zu sammeln. Im November 2022 publizierte ich dann das erste Originalebuch **Aalweber und Zitronenjette**. Als nach Städtebesuchen weitere Originale-Denkmäler hinzukamen, beschloss ich, die Sammlung in zwei Bände aufzuspalten. Der zweite Band (**Bienenkönig und Zementgretchen**) umfasste die originalereichen Bundesländern Nordrhein-Westfalen und Rheinland-Pfalz, sowie die Niederlande und Belgien. Mittlerweile habe ich weitere Denkmäler besucht und die Zahl reicht nun für 4 Bändchen, darunter das vorliegende mit mehr als 70 Originalen im Südwesten und der Mitte Deutschlands, sowie für einen weiteren Band zum europäischen Ausland. Die vorliegende Zusammenstellung zeigt hauptsächlich Bronzedenkmäler, aber auch Steindenkmäler, manchmal als Teil von Brunnenanlagen, teilweise auch Tafeln und ausnahmsweise auch Gräber.
Ich freue mich, wenn das Buch interessierte LeserInnen findet. Rückmeldungen und Kommentare sind willkommen. Vielleicht werden LeserInnen auch angeregt, die eine oder andere Figur selbst in Augenschein zu nehmen.

Viel Spaß beim Lesen und dem Betrachten der Denkmäler.

Isny, im September 2024
Richard Deiss

1. Rheinland-Pfalz

In Rheinland-Pfalz gibt es eine hohe Anzahl von in Denkmalen dargestellten Originalen. In diesem Buch sind 37 enthalten, also etwa 9 pro 1 Million Einwohner, der höchste Wert in Deutschland. Die höchste Dichte hat dabei die Region Trier (bzw. der ehemalige Regierungsbezirk Trier). In der Stadt Trier gibt es ein Brunnendenkmal mit fünf Figuren, in Wittlich eines mit sechs Figuren, weitere Denkmäler finden sich in Prüm und Traben-Trarbach. Die höchste absolute Zahl von Originale-Denkmälern sowie die meisten Einzeldenkmäler gibt es in der Region Koblenz. Alle Denkmäler finden sich hier südlich des Rheins. Dabei ist Koblenz eine ‚Originale-Hauptstadt'. Dort sind in der Altstadt seit den 1980er Jahren drei von der örtlichen Karnevalsgesellschaft spendierte Steindenkmäler und drei von den Stadtwerken finanzierte Bronzeplastiken Koblenzer Originale zu finden. Das wurde damals von Kunstsinnigen als Kitsch bzw. als Hummelfiguren kritisiert, doch sind diese mittlerweile Teil des Stadtbildes. Damit ist Koblenz heute eine der deutschen Städte mit den meisten Denkmälern für lokale Originale. In Bad Kreuznach sind an einem Brunnen gleich fünf Originale zu finden. Es gibt in der Region zudem sechs weitere Orte mit Originale-Denkmälern. Solche Denkmäler gibt es in Rheinhessen nur in Mainz. In der Pfalz gibt es sie in Kaiserslautern, Ludwigshafen und Zweibrücken. Auch hier ist ihre Dichte weit geringer als in den nördlicher gelegenen Regionen des Bundeslandes.

Region	Orte	Denk-mäler	Darge-stellte-Origi-nale	Bevöl-kerung (Mio)	Origin. pro 1 Mio Einw.
Koblenz	8	13	17	1.5	11.3
Trier	4	4	14	0.5	28
Rheinhessen	1	2	2	0.65	3.1
Pfalz	3	4	4	1.4	2.9
Rheinland-P.	**16**	**25**	**37**	**4.05**	**9.1**

1.1 Ehemaliger Bezirk Koblenz

Koblenz

Marktfrau Ringelstein (20. Jahrhundert)

Am Koblenzer Münzplatz findet sich das Bronzedenkmal einer
Marktfrau, neben einem Polizisten, dem Schutzmann Otto. Obwohl
es keine biographischen Daten zur **Marktfrau Ringelstein** und
zum Schutzmann gibt, hat es ähnliche Personen wohl gegeben. Die
Polizei hatte in der Davidswache am Platz von 1952 bis 1978 ein
Revier und originelle Marktfrauen gab es damals einige, neben
Frau Ringelstein auch Borns Käth, Hassels Liss und Lewersch Bäb.

> *Inschrift auf der Tafel am Standbild der Marktfrau*
> *„Die Maatfrau sät zom Schutzmann, dat es mir jetzt zo bont. Do hat*
> *gepinkelt an mein Mann dä Nobersch ihre Hond"*

Bildhauer: Fritz Berlin (1924-1997), Bronze, 1987
Standort: Münzplatz

Pfefferminzje (Annemarie Stein,-1940er) 📄

Von der aus Bonn stammenden **Annemarie Stein** ist kein genaues Geburtsjahr bekannt. Sicher ist nur, dass sie in den Wirren des Zweiten Weltkriegs starb. Weil sie sich ihr Geld mit dem Verkauf von Süßigkeiten, vor allem von Pfefferminz, verdiente, kam sie zu ihrem Spitznamen. Sie soll sehr gesellig gewesen sein und tanzte auf den Tischen von Gaststätten, reimte und wurde zu Alkohol und Bier eingeladen. Einmal soll sie zur Weihnachtszeit zur Krippe der Liebfrauenkirche gegangen sein und sich für Schnäpse und Zigarren beim Jesuskind bedankt haben. Darauf antwortete der Küster mit verstellter Stimme: *„Muss es denn Schnaps, kann es denn nicht Wasser sein?"* Darauf beschimpfte die **Pfefferminzj**e das ‚Jesus-Kind' *„Was weißt du Schisser, was einer alten Frau gut tut"*.

Bildhauer: unbekannter Bildhauer, Steinfigur, 1980er Jahre
Standort: Etzegäßchen

Dä Gummi (Peter Schneider, 1862-1928) 📄

Der Hausierer **Peter Schneider** verkaufte in den 1920er Jahren aus seinem Bauchladen Kurzwaren und Zeitungen. Gesundheitsbedingt hatte er ein unstabiles Gangbild, das ihn zur Seite hin ausschlagen und einknicken ließ. Die Altstadtkinder hänselten ihn und wegen seines Ganges wurde er **Gummi** genannt. Auf seinem Grabstein stand später: *,Der Volksmund nannte mich Gummi, der Herrgott warf mich ummi.'*

Bildhauer: Waldemar Kaspers, Sandstein, 1980er Jahre
Standort: Floriansmarkt/Mehlgasse

Spittals Andun (Anton Barthel, Mitte 20. Jahrhundert) 📄

Anton Barthel wohnte in den 1940er Jahren im Bürgerspital von Koblenz und war durch seine Herzlichkeit bei den Koblenzern sehr beliebt. Er gratulierte den Bewohnern der Altstadt immer mit einem Blumenstrauß zum Namenstag und feierten mehrere am gleichen Tag, nahm er den Strauß mit und gab ihn weiter. Die Koblenzer sahen ihm dies nach. Er selbst wurde an seinem Namenstag, von Bürgern mit Geschenken überhäuft, war an diesem Tag mit Hut, Blumen und Bändern feierlich geschmückt unterwegs und wurde von der Jugend mit *„Hoch, Hurra, Allotria"* gegrüßt

Bildhauer: Waldemar Kaspers, Stein, 1980er
Standort: Gemüsegasse, Ecke Etzegäßchen

Der Resche Hennerich (Heinrich Resch, 2. Hälfte 19. J.)

Heinrich Resch, in der Mundart Resch Henrich oder **Resche Hennerich** genannt, war ein Schuhmacher, welcher Ende des 19. Jahrhunderts in der Koblenzer Altstadt lebte. Einst war er Tambour im preußischen Heer und dabei bildete sich eine kritische Einstellung aus, weshalb er sich oft mit den preußischen Autoritäten anlegte. Einmal mobilisierte er in der Festungsstadt eine ganze Garnison, als er mit einer Trommel nach militärischem Reglement den Generalmarsch spielend durch die Stadt zog, was ihm eine Gefängnisstrafe einbrachte. *Resch, Resch, Resch, Eise eß kei Blech,* sagte man. Dort beauftragte ihn der Direktor, für seine Tochter Damenschuhe anzufertigen. Er fertigte jedoch Schuhe mit dem Absatz vorne und begründete dies, so könne man besser bergab laufen.

Bildhauer: Fritz Berlin (1924-1997), Bronze, 1987
Standort: Marktstr. 13

Stadtoriginale-Brunnen, Kornmarkt (I)

In Bad Kreuznach sind auf dem Kornmarktbrunnen gleich 5 Stadt-originale dargestellt. **Es Gänzje (Franz Ganz**, 1852-1930) war ein selbständiger Wandermusiker mit Drehorgel. Eines Tages gab sein Leierkasten den Dienst auf, doch er drehte symbolisch die Kurbel weiter und die Kreuznacher gaben in Erinnerung an frühere Zeiten weiterhin Geld. **De Debbedee (Fritz Braun**, 1870-1943) war Zei-tungsverkäufer, Platzanweiser, Statist und das bekannteste Kreuznacher Original. In einer Begegnung mit einem französi-schen Verein sprachen diese ihn als *le Deputé* (Abgesandter) an, im Kreuznacher Dialekt wurde daraus Debbedee.

Bildhauer: Karl Steiner, Figuren: Bronze, 1975
Standort: Kornmarkt

Stadtoriginale-Brunnen, Kornmarkt (II)

Es **Brobecks Marri** (Maria Brobeck, 1884-1960) war Hausmeisterin und alarmierte bis zur Einführung moderner Signalgebung 1929 als ‚**Marri mit de Feierbloos**‘ die Feuerwehr mit ihrer ‚Tuut‘. Der königlich-preußische **Schutzmann Wiechert** (1849-1916), kannte die lokale Art, galt als Schrecken der Marktweiber und verdonnerte kleine Gauner schon einmal zu einem Glas Wein. **De Gulasch** (Heinrich Karl Philipp Saam, 1866 bis 1934) war bekannt für seine Vorliebe für kräftiges hausgemachtes Gulasch, aber auch für seinen Spruch „*Freindche, wenn ich dich krien, dann gibt's Gulasch*“, also Schläge.

Schnuggel Elsje (Else Heimburger, 1908-1994)

Else Heimburger führte bis ins hohe Alter in der Bopparder Altstadt ein altertümliches, bei Kindern sehr beliebtes Lädchen, vollgestopft mit großen Bonbongläsern voller Süßigkeiten, welche damals nur wenige Pfennige kosteten. Wenn das Geld nicht mal dafür reichte, schenkte Else, die ein großes Herz hatte, den Kindern auch Bonbons. Nur das Zuknallen der schweren Ladentür mochte sie nicht. Nach dem Dialektwort für naschen, *schnuggeln*, kam sie zu ihrem Beinamen **Schnuggel Elsje**.

Künstler: Jutta Reiss, Bronze, 2001
Standort: Untere Marktstraße

Et Seijnche (Anna Rosina Reichert, 1819-1903)

Anna Rosina Weber, genannt **Et Seijnche**, wurde 1917 von ihrer 17jährgen Mutter in einem kleinen Haus hinter dem Cochemer Kirchhof zur Welt gebracht. Als ihr Vater starb, war ihre finanzielle Not groß, doch, weil sie stadtbekannt war, wurde sie immer irgendwo zum Essen eingeladen und konnte die Essensreste (Urzen) mit nach Hause nehmen. Ihre Haupteinnahmequelle waren später Namenstags-Gratulationen, für die sie jeweils ein paar Groschen bekam.

Bildhauer: Friedhelm Weber, Bronze
Standort: Schrombekaulplatz

Dä Kohhirte Hannes (Johann Hermes, 1818-1895)

Johann Hermes, in Bruttig an der Mosel geboren, war der letzte Kuhhirte von Cochem, **Kohhirte Hannes** genannt. Dem Klang seines Hornes folgte das Vieh auf die grünen Wiesen. Als es in Cochem keine Rinder mehr gab, aber auch noch keine Kanalisation, entsorgte er die Jauchegruben mit einem großen Fass selbst und brachte den Inhalt als Dünger auf die Wiesen. Wenn er durch die Stadt ging, roch man ihn angeblich, noch ehe man ihn sah.

Bildhauer: Friedhelm Weber, Bronze
Standort: Schrombekaulplatz

Bläke Fritz (Fritz Braun, 1840-1934)

Fritz Braun war Kesselflicker, zog mit seinem Lötkolben durch die Eifel und weil er eine ‚Blak' auf die Löcher setzte, wurde er Bläker genannt, bzw. **Bläke Fritz**. Witz und Schlagfertigkeit machten den Junggesellen in der ganzen Region bekannt und noch lange wurden Anekdoten über das Original erzählt. Im hohen Alter machte er noch auf dem Sterbebett im St. Josefskloster in Adenau Witze.

Künstlerin: Maria Sowietski, Stein, 2008
Standort: Ahrstraße

Zuckertoni (Anton ‚Toni' Kohlhaas, 1904-1972)

Auf einer Tafel am Basalt-Denkmal des Mayener Originals **Zuckertoni** ist zu lesen:

> Anton ‚Toni' Kohlhaas (1904-1972), gen. „Zuckertoni", lebte in Mayen und ist das wohl bekannteste Original der Stadt. Seinen Namen erhielt er, weil er als Kind mit seiner Mutter auf Jahrmärkten Zuckerwaren verkaufte. Er verdingte sich ein Leben lang mit Sammeln von Lumpen und Altpapier für die Produktion von Papier sowie Alteisen. Mit seinem Pferdewagen, später Leiterwagen, gehörte er zum Stadtbild von Mayen. Unzählige Anekdoten ranken sich um einen humorvollen Außenseiter am Rande der Gesellschaft, der sich immer selbst genügte. Die letzten Jahre bis zu seinem Tod verbrachte er in einem Pfelgeheim in Saffig.

Künstler: Helmut Lung, Basalt, 2022
Standort: obere Stehbachstraße

Maria Baulig (um 1900-1979)

Maria Baulig war die letzte Bewohnerin eines Fachwerkhauses am zentral gelegenen Kolpingplatz in Mülheim. Sie hatte dort lebenslanges Wohnrecht, doch die Stadt wollte das Gebäude in den 1950er Jahren abreissen. Mit *„Marie, mach Platz"* wollte die Stadt Maria zum Auszug bewegen. Doch sie blieb standhaft. Statt es abzureissen, wurde das Fachwerkhaus später sogar saniert. Heute findet sich darin eine Altenbegegnungsstätte und die Stadt ist wohl froh, dieses Schmuckstück dank Baulig erhalten zu haben. Die resolute Frau bekam 2023 ein Bronzedenkmal, welches sie mit einem Teppichklopfer in der Hand zeigt.

Standort: Kolpingplatz

Peter Linden (um 1890-1962)

Peter Linden, von der Bevölkerung oft ‚Lindemann' genannt, war der letzte Ausscheller von Mülheim-Kärlich und galt wegen seines eigensinnigen Humors als Stadtoriginal. Zu seinem 40. Todestag im Jahre 2002 wurde ein ihn darstellendes Ausscheller-Denkmal vor dem Rathaus der Stadt aufgestellt.

Standort: Rathausplatz, Kapellenstraße 16

Zementgretchen (Margarete Scherschlicht, 1906-1994)

Bei einem mit Zement beladenem LKW versagten am 7. Oktober 1951 die Bremsen und er rauschte ins Simmerner Hotel Hirsch. Dort hielt sich gerade die Haushaltshilfe **Margarete Scherschlicht** auf und wurde völlig unter Zementstaub begraben. **Zementgretchen**, wie sie nun genannt wurde, überlebte und erhielt eine Unfallrente. Sie wurde aber seither immer wunderlicher, trug grelle Kleidung, einen roten Schirm und einen Stock, mit dem sie gelegentlich herumfuchtelte. Bereits kurz nach ihrem Tod im Jahr 1994 bekam das stadtbekannte Original ein Bronzedenkmal.

Bildhauer: Klemens Pompetzki, Bronze, 1994
Standort: Marktstraße (vor Brillen-Birk)

1.2 Ehemaliger Regierungsbezirk Trier

Trier

Koorscht un Kneisjen (Werner Becker und Hans Kuhn)

Die seit 1848 bestehende Trierer Karnevalsgesellschaft *Heuschreck* ließ 1977 am Rande der Trierer Altstadt den von Willi Hahn gestalteten Heuschreckbrunnen aufstellen. Auf diesem sind fünf Trierer Originale zu sehen, darunter das seit den 1950er Jahren auftretende Büttenrednerpaar **Koorscht un Kneisjen.** Im bürgerlichen Leben hießen sie **Werner Becker** (1922-2003) und **Hans Kuhn**, der bereits 1993 verstarb.

Bildhauer: Willi Hahn (1920-1995), Sandstein, 1977
Standort: Stresemannstr. 1

Fischers Maathes (Matthias Fischer, 1822-1879) 📄

Der in Trier geborene **Matthias (Maathes) Fischer**, **Fischers Maathes** genannt, hatte in der Innenstadt ein Kolonialwarenge-schäft und schlug sich mit dem Verkauf aller möglichen Nahrungs- und Genussmittel durch. Mit seinem in Mundart vorgetragenem Humor unterhielt er seine Mitmenschen auch in schwierigen Zei-ten. An seinem Geburtshaus in der Brotstraße 62 war auf einer mitt-lerweile entfernten Gedenktafel zu lesen: *Besser duht gelaacht als wie freckt geäriert.* Der politisch-demokratisch engagierte Fischer hatte jedoch auch andere Seiten. Anfang Februar 1879 schlug er einen großen Nagel in die Wand über der Ladentür. Am 24. Februar 1879, seinem Namenstag, befestigte er ein Schild an der Tür ‚*Wegen Sterbefall geschlossen*'. Er zündete zwei Kerzen an, stieg auf einen Stuhl und erhängte sich am Nagel über der Ladentür.

Bildhauer: Willi Hahn (1920-1995), Sandstein, 1977
Standort: Stresemannstr. 1

Krons Ton und Wichshänschen (19. Jahrhundert)

Zu den fünf Originalen auf dem Trierer Heuschreckbrunnen gehören der dickliche Kneipenwirt **Krons Ton (Ton Kron,** Inhaber der Trierer Kneipe *Onkel Ton*) mit seiner Lederschürze und das schmale **Wichshänschen (Johann Leidner)** mit dem Henkeleimer Wichse. Leider ist über diese Originale des 19. Jahrhunderts nur wenig bekannt.

Bildhauer: Willi Hahn (1920-1995), Sandstein, 1977
Standort: Stresemannstr. 1

Welle Kättchen (Katharina Well, 1845-1921)

An der Kupferstatue im Zentrum von Prüm informiert eine Tafel: über **Katharina Well, Welle Kättchen** genannt:

> ### *"Welle Kättchen" von der Ritz (Prümer Original)*
>
> *Tagelöhnerin, – arbeitet auf den Gerbereien der Stadt– und half den Prümern bei den Gartenarbeit. Mit Ihrer Ziege und der Hotte, die immer mit Stallmist gefüllt war, marschierte sie täglich in ihren Garten auf die Rommersheimer Held. Auf ihren Heimweg brachte sie dann Grünfutter und Brennmaterial mit. Kättchen war sehr fromm. Im Auftrag vieler Kranker pilgerte sie den Rosenkranz betend zum Kalvarienberg. Dabei vergaß sie nicht, auch bei der hl. Brigida, der Patronin für das Vieh in der Kapelle zu beten. Denn gerade Tiere lagen ihr besonders am Herzen. Kam Kättchen von ihren Touren zurück, wurden die Ziegen, von denen sie zwei besaß, am Duppborn getränkt. Gerne rauchte sie dicken Taback. Kättchen starb armselig in Ihrem Häuschen in der Ritz am 21. August 1921.*

Künstler: Valentin Dietzen, 2006 **Standort:** Am Duppborn

Joba (Josef Budinger, 1909-1977)

Seit 2011 erinnert in Traben-Trarbach am Moselufer ein Gedenkstein an den letzten Moselfährmann **Josef Budinger**, genannt **Joba**. Von den 1950er Jahren bis 1974 brachte er im Ortsteil Traben Fahrgäste über die Mosel. Er galt als Original über das viele Geschichten im Umlauf waren. Im Jahre 2011 wurde in der Nähe der Anlegestelle seiner Fähre in Traben ein Gedenkstein für ihn aufgestellt.

Künstler: Uli Wendhut, 2011
Standort: Moselufer am Hotel Bellevue

Wittlicher Originalebrunnen

Der Wittlicher Originalebrunnen in der Feldstraße zeigt gleich sechs örtliche Originale.

Kunzen Hubbchie und Weinzen Stöffelchi

Kunzen Hubbchie (Hubert Ludwig Kunz, 1897-1967) und **Weinzen Stöffelchi** (Stefan Weinz, um 1960) waren Straßenkehrer, die mit ihrem Handwägelchen und ihrer Schaufel Pferdeäpfel aufsammelten und dann in den Garten des Spittals brachten.

Künstler: Silvio d'ell Antonio, 1984
Standort: Feldstraße 33

Kiesjens German und Laubachs Hans

Kiesjens German (**German Kiesgen**, 1890-1973) war ein Fischer und Naturfreund, das Denkmal zeigt ihn mit zwei Fischen in der Hand. **Laubachs Hans** (**Johann Georg Laubach**, 1869-?) trägt zwei Wassereimer. Damit reinigte er die Wasserkanälchen in der Stadt. Noch kurz vor seinem Tod fragte er sich *„wer reinigt denn die Kanäle, wenn ich nicht mehr da bin"*?

Künstler: Silvio d'ell Antonio, 1984
Standort: Feldstraße 33

Massen Dort und Kranzen Hiljardchie

Maasen Dort (**Dorothea Maas**, 1873-1957) war eine resolute Hausfrau, die 11 Kinder hatte. Einmal erhielt ihr Enkel Hanni, der im Unterricht kein richtiges Wort herausbekommen hatte, zur Strafe vom Lehrer vier Bambusstockschläge über die Finger. In der Pause erzählte Hanni seiner Oma, was der Lehrer gemacht hatte. Rasend vor Wut begleitete sie ihn zur Schule und ging zum Lehrerzimmer. Der Lehrer entschuldigte sich, ihm seien die Nerven durchgegangen. Da schlug sie ihm mit ihrer Pantoffel links und rechts an die Wangen. *„So, mir sind jetzt auch die Nerven durchgegangen"*, meinte sie. **Kranzen Hiljardchie** (Hilarius Kranz, 1965-1934) hatte immer einen Hut auf, eine Schirm und eine Tasche, die als Bauchladen für Schuhcreme und andere Schuhacessoires diente.

Künstler: Silvio d'ell Antonio, 1984
Standort: Feldstraße 33

1.3 Rheinhessen

Geigerfränzje (Franz Josef Schneider, 1893-1962) 📄

Franz Josef Schneider (Geigerfränzje) war Sohn eines Mainzer Tagelöhners und arbeitete bis zum Ende des Zweiten Weltkriegs als Schlosser. Nach dem Krieg zog er in eine kleine zugige Ziegelhütte und folgte seiner Berufung, seinen bescheidenen Lebensunterhalt mit Musik zu bestreiten. An einer Tafel am Denkmal ist zu lesen: *Seine Leidenschaft war das Geigenspiel - auch wenn er nicht immer die richtigen Töne traf.*

Bildhauer: Reinhold Petermann, Bronze, 2008
Standort: Hauptstraße Mombach, Einmündung Nestlestraße.

Hermann Schneider (1947-2019)

Hermann Schneider war Mainzer und Musiker und wurde meist **‚Onkel Hermann'** genannt. 1986 gründete er die lokal erfolgreiche Mainzer Mundartgruppe ‚Batschkapp'. Auch zur traditionellen Mainzer Fassenacht trug er mit Liedern bei. Besonders sein Lied „Meenzer Bube, Meenzer Meedcher" gehört heute zum Repertoire jeden Mainzer Festes. Ein Jahr nach seinem Tod wurde 2020 am Weinhaus Bluhm in der Altstadt von Mainz eine Gedenktafel für ihn angebracht.

Standort: Weinhaus Bluhm, Badergasse 1

1.4 Pfalz

Kaiserslautern

Brezeladam (Adam Schmadel, 1892-1969)

Wo heute die **Brezeladam**-Bronzeplastik steht, soll **Adam Schmadel** etwa 50 Jahre lang, bis Mitte der 1960er Jahre, aus einem Weidenkorb eigenhändig Brezeln verkauft haben. Das machte er mit Witz und Humor. *„Wann die Welt unnergeht, geh' ich in die Arche Noah"*, meinte er einmal.

Bildhauer: Werner Bernd, Bronze, 1977
Standort: Ecke Eisenbahn-/Marktstraße

Schachtelmännchen (erste Hälfte 20. Jahrhundert)

Über das Schachtelmännchen sind kaum biographische Daten bekannt. Dieser wohl im 19. Jahrhundert geborene kleinwüchsige Hausierer soll bis zum Zweiten Weltkrieg mit vielen Schachteln, die an einem über die Schulter geworfenen Strick befestigt waren, ungewaschen und ungekämmt durch die Stadt gestreift sein. Kinder riefen „ *Schachdelmännche geh mer noo*", Eltern drohten unartigen Kindern: „*Ich hol's Schachtelmännchen*".

Bildhauer: unbekannt, 1994
Standort: Münchstraße

Hemshof-Friedel (Elfriede Kafschinsky, 1914-1979) 📄

Elfriede Kafschinsky wurde als Neugeborene in einem Park in Braunschweig ausgesetzt und von Ordensschwestern in ein Magdeburger Waisenhaus gebracht. Später erfuhr sie, dass sie einen Zwillingsbruder hatte, der an anderer Stelle ausgesetzt worden war, aber zufällig ins selbe Waisenhaus kam. Als sie zwölf Jahr alt war, schenkten ihr die Ordnesschwestern eine Gitarre und sie lernte sie spielen. Mit 18 arbeitete sie als Schaffnerin bei der Deutschen Reichsbahn, verlor die Arbeitsstelle, als sie schwanger wurde und fand Aufnahme in einem Stift in Ludwigshafen. Im Zweiten Wekltkrieg wurde sie durch einen Fliegerangriff mit ihrer Tochter zwei Tage verschüttet. 1950 zog sie endgültig nach Ludwigshafen und wurde dort zum Original, vor allem seit sie ihre Schweißer-Tätigkeit aufgegeben hatte und als Straßenmusikantin ihren Lebensunterhalt bestritt. Sie schuf den *Hemshof Boogie* und wurde zu einer Unterhaltungssängerin der derberen Sorte.

Bildhauer: Bonifatius Stirnberg (*1933), Bronze, 1991
Standort: Ludwigsplatz

,s Luiche (Ludwig Arnold, 1860-1918)

Ludwig Arnold, genannt s'Zwebrigger **Luiche,** machte sich in Zweibrücken als Kofferträger einen Namen. Als **Dienstmann Nr. 1** stand er am Bahnhof und meinte auch, diese Bezeichnung erfunden zu haben. Kam ein Zug an, rief er laut *„Dienstmann Arnold!"* aus. Er verdiente Geld nicht nur mit Koffertragen, sondern auch mit dem Verkauf von Brezeln, Schnürsenkeln und Ansichtskarten. Seine Mutter war bereits Brezelverkäuferin und mit ihr lebte er bis zu deren Tod in einer kleinen Wohnung in der Zweibrücker Innenstadt. Er selbst starb im Januar 1918 an Wassersucht. Zweibrücker Studenten verbreiteten später Zweebrigger Luiche-Anekdoten in aller Welt.

Bildhauer: Georg Dehof (1924-1989), Bronze
Standort: Platz vor Alexanderkirche

2. Saarland

Lange gab es im Saarland kein Originale-Denkmal, doch das Zweibrücker Luiche-Dienstmanndenkmal inspirierte schließlich Neunkirchen zu einer ähnlichen Bronzeplastik (Dienstmann Nr. 2).

Eduard Senz (1877-1941) 📄

Eduard Senz war als Dienstmann und Kofferträger auf dem Neunkirchener Bahnhof tätig. Er galt als originell, freundlich und höflich. Doch 1923 erkrankte er und wurde in eine Pflegeanstalt in Merzig gebracht, später ins hessische Herborn und schließlich nach Hadamar verlegt, wo er den Krankenmorden der Nationalsozialisten zum Opfer fiel. Auf einer Tafel ist zu lesen

Eduard Senz-‚Sense Eduard'
Als ‚Dienstmann Nr. 2' bekanntes Neunkircher Original.
Geboren am 30.12.1877 in Wiebelskirchen.
1941 in Hadamar Opfer der nationalsozialistischen Gewaltherrschaft.

Bildhauer: Werner Schorr, Bronze, 1994
Standort: Hammergraben

3. Hessen

Hessen ist gut mit lokalen Originalen und entsprechenden Denkmälern ausgestattet (4 pro 1 Million Einwohner). Diese finden sich recht gleichmäßig übers Land verteilt, in großen und kleineren Städten. In Herborn und Korbach sind sogar mehrere Originale durch Denkmäler vertreten. Zusätzlich gibt es in Hessen Denkmäler für fiktive Originale, wie Fraa Rauscher in Frankfurt.

Regierungsbezirk	Denkmäler	Dargestellte Originale	Bevölkerung (Mio)	Originale pro 1 Mio Einwohner
Darmstadt	13	14	4.0	3.5
Gießen	4	4	1.1	3.6
Kassel	4	9	1.2	7.5
Hessen	**19**	**27**	**6.3**	**4.3**

Fraa (Frau) **Rauscher** lebte angeblich im 19. Jahrhundert in der Klappergass in Frankfurt-Sachsenhausen. An einem Sonntagnachmittag soll sie mit einer Beule am Kopf auf der Straße liegend angetroffen worden sein. Ein eifriger Polizist nahm den Fall akribisch auf und wollte ermitteln, ob die Beule durch ihren Ehemann oder durch Gleichgewichtsverlust durch übermäßigen Konsum von Apfelwein verursacht worden war. Am Folgetag stand der Vorgang in der Zeitung, was zur allgemeinen Belustigung beitrug.

Bildhauer: Georg Krämer (1906-1969)
Standort: Klappergasse (Frankfurt-Sachsenhausen)

3.1 Südhessen

In Südhessen ist die Dichte an Denkmälern für Originale recht hoch. Weil es jedoch, anders als in Mittel- und Nordhessen, eher Einzeldenkmale als Denkmale für mehrere Originale sind, liegt die Dichte der dargestellten Originale sogar unter dem Landesdurchschnitt. Allerdings kommen dazu noch fiktive Originale, wie die Fraa Rauscher in Frankfurt oder die Fraa vun Bensem (Bensheim)

Fraa vun Bensum

Die sagenhafte **Fraa vun Bensum** soll im Dreißigjährigen Krieg (1618-48) den bayerischen Truppen einen geheimweg in die Stadt gezeigt haben, was ihnen erlaube, im Dezember 1644 in die Stadt einzudringen und die französischen und schwedischen Trupopen zu vertreiben. Später bildete sich die Redensart „Hinne rum, hinne rum wie die Fraa vun Bensem". Das bezieht sich auf die den Bensheimern zugeschriebene Eigenschaft, immer zu spät zu kommen.

Standort: Bensheim, Platz bei der Stadtmühle

Friedrich Stoltze (1816-1891) 📄

Manche rechnen sogar den Frankfurter Journalisten, Verleger, Lo-
kalpoeten und Schriftsteller Friedrich Stoltze, der in seiner Wo-
chenzeitung *Frankfurter Latern* satirische Texte verfasste zu den
Originalen. Über Frankfurt schrieb er im hessischen Dialekt:

Es is kaa Stadt uff der weite Welt,
Die so merr wie mei Frankfort gefällt,
Un es will merr net in mein Kopp enei:
Wie kann nor e Mensch net von Frankfort sei!

Bildhauer: Friedrich Schierholz, Stein, Bronze,1895
Standort: Hühnermarkt, Frankfurter Altstadt

Kannix (Liffgens) und **Davidsburg** (19. Jahrhundert)

Der jüdische Gastwirt **Liffgens** gab sich mit einem Buch unter dem Arm als Rabbiner aus und war unter dem Spitznamen **Kannix** um die Jahrhundertwende als Frankfurter Stadtoriginal bekannt.
Davidsburg war ein jüdischer Hausierer, den der Frankfurter Dichter und Friedrich Stoltze als Stadtoriginal populär machte.

Künstler: Heinrich Petry, 1900
Standort: Neues Rathaus
Kannix: Südbau, Tor zur Limpurgergasse,
Davidsburg: nördl. Torbogen zur Paulskirche

Emmanuel de Greco (1937-2018)

Der Frankfurter Friseur griechischer Herkunft **Emmanouil Chatzinikolaou** hatte einen so schwer aussprechbaren Namen, dass er schlicht Emmanuel de Greco oder El Greco genannt wurde. Mit seinem weißen Anzug und mit einem blumengeschmückten rosa Fahrrad unterwegs war er eine auffällige stadtbekannte Erscheinung und galt als Frankfurter Stadtoriginal. Ein Denkmal für ihn gibt es nicht, aber sein Grab ist mit einem Bild versehen.

Standort. Hauptfriedhof, Feld K

Geisse Milchen (Emilie Knaf, 1909-1978)

Emilie Knaf, **Geisse Milchen**, bzw. Geiße Mielchen genannt, verbrachte ihr ganzes Leben in Büdingen und lebte mit und für ihre beiden Ziegen. Mit Zeichnungen und Gedichten hat sie beträchtlich zum kulturellen Schaffen ihrer Heimatstadt beigetragen. 2020 spendierten die beiden Büdinger Regina und Erhard Peil ein Bronzedenkmal für das Geisse Milchen.

Künstler: Herbert Deiss, Bronze, 2020
Standort: Auf dem Damm

Hahne Schorsch (Georg Hahn 1881-1972)

Georg Hahn, in Darmstadt besser bekannt als **Hahne Schorsch**, erlernte Ende des 19. Jahrhunderts das Mechanikerhandwerk, ging dann zur Marine und nahm im Jahre 1900 an der Niederschlagung des Boxeraufstandes in China teil. Hahn war Mitglied im Darmstädter Radsportclub und eröffnete 1913 eine eigene Fahrradhandlung. Er war bald durch seine Streiche bekannt. Einmal narrte er Freunde und Bekannte mit der Ankündigung, nach Amerika auswandern zu wollen. Am Bahnsteig verabschiedete ihn eine große Menschenmenge. Doch bereits in Arheilgen stieg er aus dem Zug, leerte die Backsteine aus dem Koffer und fuhr zurück nach Darmstadt. Er schlich in sein Haus und beobachtete am nächsten Tag die verdutzten Reaktionen der Mitbürger über seine schnelle Rückkehr aus Amerika. Durch sein Engagement für sein Stadtviertel wurde Hahn auch ‚Bürgermeister vom Martinsviertel' genannt. Dort ist heute ein Platz, an den eine Fahrradstraße führt, nach ihm benannt und ein Infoschild erklärt, dass Hahn ein Darmstädter Original war.

Räibock (Johann Adam Fleckstein, 1849-1917)

Johann Adam Fleckstein, genannt **Räibock,** war ein Tagelöhner und Erbacher Original. Er verdingte sich als Zimmermann und Botengänger, ging aber auch immer wieder zum Bahnhof, um sich ankommenden Fahrgästen als Gepäckträger anzubieten. In der kleinen Stadt war er bekannt und beliebt.

Bildhauer. Albrecht Glenz (1907-1990), Bronze,1989
Standort: Marktplatz vor dem Rathaus

Lissebärwel (Georg Matthias Friedrich, 1906-1988)

An der Bronzefigur der **Lissebärwel** informiert ein Metallschild:

> **„Lissebärwel"**
> Heppenheimer Original, 1906-1988
> Bürgerlicher Name: Georg Matthias Friedrich, genannt GeMaFried
> Als Aktiver bei Fasnachtsumzügen in Heppenheim stieg er zum ersten
> Mal in den Kleidern seiner Urgroßmutter in die Bütt und trat zunächst
> mit einer Laterne, später mit einem Kärwel (Körbchen) auf.
> **„Es grießt eich all mit Schärm und Kärwel eijer liewi Lissebärwel"**
> Von 1948-1988 veröffentlichte er über 2000 Mundartkolumnen in der
> Zeitung 'Südhessische Post', jetzt ‚Starkenburger Bote'.

Bildhauer: Martin Rom, 2004
Standort: Friedrichstraße 22

Harry von de Gass (Harry Segebarth, 1942-2005) 📄

Harry Segebarth lebte wegen seiner geistigen Behinderung seit dem Alter von neun Jahren und bis zu seinem Tod in einem sozial-pädagogischen Zentrum von Idstein, wo er unter anderem in der Schneiderei, der Korbmacherei und der Wäscherei beschäftigt war. Zudem diente er als Messdiener der örtlichen Kirchengemeinde. Den Idsteinern in Erinnerung geblieben ist er jedoch als auffällig gekleideter singender Straßenkehrer. So ist er auch in dem Bronze-denkmal dargestellt, welches 2008 in der Fußgängerzone aufge-stellt wurde.

Bildhauer: Waldemar Schröder (*1950, Russland), 2008
Standort: Rodergasse 14

Hanna Feldmann (1923-2003) 📄

Hanna Feldmann war eine sehr mit Kronberg verbundene Heimat-
forscherin, die ihre Erkenntnisse auch gerne in Mundart weitergab:
„Mundart ist wie e Stücksche von Dahaam". 1973 veröffentlichte
sie das Buch *‚E Johr dehaam'*. Ihre Büttenreden waren legendär.
Ihr umfangreiches Wissen über die Kronberger Stadtgeschichte
gab sie in unzähligen Stadtführungen weiter. Besonders engagiert
setzte sie sich für ein Stadtmuseum in der Burg ein. An ihrem 100.
Geburtstag im Oktober 2023 wurde deshalb eine Büste am Burg-
platz (heute Hanna-Feldmann-Platz) aufgestellt.

Bildhauer: Ilona und Karl Barth, 2023
Standort: Hanna-Feldmann-Platz an der Burg

Milch-Nüchter (Georg Nüchter, 1905-1985)

Mitte der 1920er Jahre begann Georg Nüchter mit Pferd und Wagen frische Milch an seine Kundschaft in Oberursel auszufahren. Er heiratete Sophie, hatte drei Kinder mit ihr, geriet jedoch im Krieg in Gefangenschaft. Noch bevor er 1949 aus Russland heimkehrte, eröffnete seine Frau am Marktplatz von Oberursel eine Milchabholstelle. In den 1950er Jahren expandierte der Laden, bot ein über Milchprodukte hinausgehendes Sortiment an und Nüchter konnte das Nachbarhaus dazukaufen. Milch-Nüchter wurde zu einer Oberurseler Institution, redete bei städtischen Belangen mit und galt bald als Marktplatz-Bürgermeister. Als er 1985 fast gleichzeitig mit seiner Frau starb, blieben Kinder und Enkel in den Häusern am Oberurseler Marktplatz wohnen.

Künstler: Jan-Malte Strijek, 2022
Standort: Marktplatz Oberursel

Streichholzkarlche (Karl Winterkorn, 1880-1939) (📄)

Karl Winterkorn zog zu Beginn des 20. Jahrhunderts durch Offenbacher Apfelweinstuben, um dort Streichhölzer zu verkaufen. Er war nur 1.30 m groß, glich dies aber durch Schlagfertigkeit aus. Nach dem Beruf gefragt, antwortete er mit „*Holzhändler*".

Bildhauerin: Judith Quartier, Stein, 1999
Standort: Wilhelmsplatz 10-11

Linsefranz (Johannes Adler, 1871-ca. 1950)

Johannes Adler, nach seinem Linsen verschlingenden Vater auch **Linsefranz** genannt, arbeitete nach kurzen Schuljahren als junger Mann als Tagelöhner, bevor er schon bald vom Wandertrieb erfasst wurde und bis ins Elsass und in die Schweiz durch die Gegend zog. Er lebte von milden Gaben und übernachtete in Gräben, Stallungen und Feldhütten. Die Nazis, die Landstreicher nicht duldeten, setzten seinem Wanderleben jedoch ein Ende und steckten ihn in ein Viernheimer Heim. 1948 büxte er nach Offenburg aus und wäre mit dem D-Zug beinahe nach Paris gefahren. Man holte ihn mühsam aus dem Zug und brachte ihn in ein Heppenheimer Pflegeheim.

Künstler: Marek Zalewski (*1953)
Standort: Schulstraße 12 (vor der Sparkasse)

Raubacher Jockel (Jakob Ihrig, 1866-1941) 📄

Der in Raubach im Odenwald geborene **Jakob Ihrig**, hatte keinen Beruf erlernt, schlug sich jedoch mit allen möglichen Tätigkeiten durch, unter anderem als Totengräber, Uhrmacher, Gemeindediener, Waldarbeiter, Köhler und Landarbeiter oder als Aushilfskraft in Gastwirtschaften. Seine Leidenschaft galt jedoch der Musik. Notenlesen hat er nie gelernt, trotzdem spielte er Trompete, Bassgeige und Ziehharmonika und verdiente durch das Spielen von Tanzmusik in Gaststätten Kost und Logis. Mit einer Ziehharmonika ist er auch seit 1994 als Bronzedenkmal vor der Sparkasse in Wald-Michelbach dargestellt. Zum legendären Original wurde der **Jockel** durch seinen schlagfertigen Humor und seine Schelmenstücke.

Bildhauer: Marek Zalewski (*1953), Bronze, 2003
Standort: Sparkasse, Ludwigstr. 49

Knoblauchkönig (Waldemar Reichhard, 1915-1988) 📄

Waldemar Reichhard war ein deutscher Opernsänger, der so viel Knoblauch genoss, dass er schon von weitem zu riechen war, deshalb sein Spitzname **Knoblauchkönig**. Zum Original wurde er durch seinen Habitus, meist war er mit Hut und kurzem Ledermantel unterwegs, und durch sein leidenschaftliches Predigen in der Wiesbadener Fußgängerzone, unter anderem über die Wirkungen des Knoblauchs.

Bildhauer: Reinhold Petermann (1925-2016), Bronze, 2009
Standort: Kleine Schwalbacher Straße

3.2 Mittelhessen

Herborn

Drei Herborner Originale (20. Jahrhundert)

Im Jahre 2017 wurden in Herborn Bronzedenkmäler für drei Originale aufgestellt:
-**Katzemarie** (Maria Cyriax, 1907-1979), kümmerte sich selbstlos um herrenlose Katzen und nahm zwölf bei sich zuhause auf;
-**Heinzche** (Heinz Friese, 1926-1998) war kleinwüchsig, kam als Waise nach dem Krieg aus dem Osten nach Herborn und schlug sich, stets gut gelaunt und deshalb in der Stadt beliebt, mit Botengängen, Straßenkehren und anderen Hilfsdiensten durch;
-**Della** (Ernst Karl de la Motte, 1899-1980) war mit Zylinder, Gehstock und Mantel korrekt, aber auch etwas altmodisch gekleideter Besitzer einer eigenen Druckerei, erster Torschützenkönig des SV 1920 Herborn und Initiator und origineller Mitwirkender des Innenstadtflohmarktes.

Bildhauer: Atelier Christoph Oester, Bronze, 2017
Standort: Hauptstr./Ecke Sandweg (Platz an der Linde)

Dienstmann Christian (Christian Werner, 1893-1965)

Christian Werner war ein kleinwüchsiger, geistig und womöglich auch körperlich behinderter, bescheidener Dienstbote, der jeden Tag von seinem Heimatort Hommertshausen nach Marburg pendelte, um sich am dortigen Hauptbahnhof seinen Lebensunterhalt zu verdienen. Er trug das Gepäck von Reisenden den Schlossberg hinauf, verkaufte Zigaretten oder erledigte Botendienste. In seinem Heimatort wenig angesehen, galt er in Marburg als fröhlich und ausgeglichen, war beliebt und wurde zu einem Stadtoriginal. 2019 wurde in der Fußgängerzone von Marburg ein Bronzedenkmal für Christian aufgestellt, in typischer Haltung, Tasche in der Hand und Zigarette im Mund.

Bildhauer: Paul Wedepohl (1908-1992), Bronze, 1988
Standort: Neustadt 1

3.3 Nord- und Osthessen

Fulda

Papiermännchen Behrend (Gottfried Behrend, 1840-1910)

Gottfried Adolf Behrend war ein **Fuldaer Kupferschmied**, dessen Rente *,zum Sterben zu hoch und zum Leben zu niedrig'* war. So begann er für die Stadtverwaltung mit einem Piekser und einem Sack um die Schultern, Papier und anderen Müll aufzusammeln, um ein bisschen was hinzuzuverdienen. Heute gilt er als erster Umweltschützer Fuldas. Eine Tafel im Boden an seinen Füßen sagt

> *,Umweltbewußt schon im 19. Jahrhundert Papiermännchen Berend. Ein Fuldaer Original'.*

Der Nachname dabei ohne h geschrieben.

Bildhauer: Johannes Kirsch (1930-2015), Bronze, 1994
Standort: Rabanusstr./Ecke Sturmiusstr. (vor der Sparkasse)

Ephesus und Kupille

Johann Georg Jäger (1866-1929), genannt **Ephesus** (ausgesprochen Ebbesus) und **Heinrich Adam Ernst**, genannt **Kupille** (ausgesprochen Kubille, 1865-1903) waren zwei Kasseler Originale. Jäger hatte Bäcker gelernt, verdingte sich als Gelegenheitsarbeiter und verfiel dem Alkohol. Der Ursprung seines Spitznamens ist unklar. Kupille hatte Schreiner gelernt und bei der militärischen Musterung angegeben, er sähe nicht gut, weil er was an der Kupille (Pupille) hätte. So kam es zum Spitznamen. Die beiden waren ein unzertrennliches und legendäres Paar, wie Tünnes und Schäl in Köln, Projektionsfläche vieler Witze, hingen in der Altstadt und an der Fuldabrücke rum und waren meistens betrunken. Nach dem frühen Tod von Kupille verbrachte Ephesus die meiste Zeit in Anstalten und Hospitalen, mit gelegentlichen Fluchten in die Kasseler Kneipenwelt, die in Trunkenheit endeten.

Bildhauer: Karl Drüke (1909-1962), Sandstein, 1959
Standort: Zisselbrunnen, Die Freiheit 19

Korbacher Originale- die Brüder Birkenhauser

Ein Steinrelief zeigt in Korbach gleich fünf Stadtoriginale, zu denen es allerdings nur sehr wenige biographische Informationen gibt. Im Bild unten sind zwei Stadtmusikanten zu sehen, die Brüder Karl und Wilhelm Birkenhauer.

Künstler: Georg Spratte, Steinrelief, 1989
Standort: Fassade Tiefgarage Obermarkt, Oberstraße

Korbacher Originale (Schiff, Stiehl und Becker)

Der zweite Ausschnitt des Korbacher Reliefs zeigt laut Tafel „den jüdischen Händler Selig Schiff mit einer Ziege, den Einsiedler Karl Stiehl aus dem Wippenberge und den Bauern Wilhelm Becker vom Ascher, mit den alten Häusern, Hund und Hühnern".

Künstler: Georg Spratte, Steinrelief, 1989
Standort: Fassade Tiefgarage Obermarkt, Oberstraße

Schmalzes Vatter (Wilhelm Julius Schmalz, 1863-1939)

Seit der Drechslermeister Wilhelm Christoph Schmalz das Korbacher Fachwerkhaus im Jahre 1827 erwarb lebten vier Generationen der Drechslerfamilie Schmalz im Haus. 7. Darunter das Stadtoriginal 'Schmalzes Vatter' (Wilhelm Julius Werner Ludwig Schmalz), über den, wie über die übrigen Korbacher originale allerdings nur wenige Informationen verfügbar sind.

Standort: Im Sack 14

4. Thüringen

Thüringen ist durchschnittlich mit Originale-Denkmälern ausgestattet. In der Gedenktafelstadt Jena sind es vor allem Tafeln, die an Stadtoriginale erinnern.

Jena

Latte (F.W. Demelius, 1801-1874)

Jena gilt als die deutsche Universitätsstadt, welche die Tradition der Gedenktafeln für wichtige Geistesgrößen eingeführt hat. Eine Tafel erinnert an den ewigen Studenten **Friedrich Wilhelm Demelius**, der von 1827-1873 102 Semester studierte, dabei aber nie einen Hörsaal, jedoch umso mehr Kneipen von innen sah. Wegen seiner alkoholbedingten Magerkeit wurde er auch 'Latte' genannt. Eine Tafel zierte bis Anfang der 90er Jahre ein Haus in der Ballhausgasse. Im Februar 2011 wurde schließlich eine Replik der Gedenktafel angebracht. Diese weist auf seinen Spitznamen hin und auf die Tatsache, dass er eigentlich kein Student war.

Standort: Ballhausgasse 6

Walter Lange (1887-1967)

Walter Lange war der Wirt der historischen Gaststätte „Grüner Baum zur Nachtigall" in Cos-peda, ein beliebtes Ausflugsziel Jenaer Studenten. Er sah lange Napoleon so ähnlich, dass man ihn für einen Nachfahren hielt. Spaßeshalber kleidete er sich ab und zu wie Napoleon und imitierte diesen. So kam dieser zum Spitznamen ‚Napoleon von Cospeda'. Schon zu Lebzeiten richtete er in seinem Gasthaus eine Privatsammlung ein, mit Devotionalien und dem was er in Dachböden, Feldern und Scheunen der Umgebung gefunden hatte. Diese Sammlung bildete den Grundstock für das heute in der ehemaligen Gaststätte untergebrachte *Museum 1806*, eine Außenstelle des Stadtmuseums Jena. Im Oktober 2023 wurde dort eine Gedenktafel für Walter Lange angebracht.

Standort: Jenaer Straße 12

Heinz à Brassard (1915-2001)

Zum 100. Geburtstag im März 2015 wurde für Heinz à Brassard, dem singenden Schuhmacher (deshalb auch ‚Hans Sachs Jenas' genannt) an seiner Wirkungsstätte in der Wagnergasse der Altstadt, dem heutigen Restaurant Stilbruch, eine Gedenktafel enthüllt. Der in Aachen und damit im karnevals-seligen Rheinland geborene Brassard hatte 1953 mit Mitstreitern den Jenaer Karneval gegründet. Auch mit Gesang trug der Schumacher zur Karnevalsstimmung bei.

Standort: Wagnergasse1/2 (2015 angebracht)

Professor Zwanziger (Johann F. Zwanziger, 1844-1919)

Johann Ferdinand Zwanziger war ein Nordhäuser Handschuhmacher aus bescheidenen Verhältnissen. Schon sein Meister achtete sehr auf korrekte Kleidung. Der klein gewachsene, kränkliche Zwanziger war deshalb sehr auf seiner äußere Erscheinung bedacht und trat mit Zylinder, Gehrock, weißen Handschuhen, einem Spazierstock und einer Blume im Knopfloch auf. Oft wurde er mit „Da kommt der Professor" verspottet. Zudem bastelte er einen Kompass, um das Wetter vorherzusagen. Für die Wetterprognose nahm er gerne eine Zigarre an. Um 1900 wurde Zwanziger so zum Nordhäuser Original. Der Titel Professor war für ihn zu einem Ehrennamen geworden und er wurde mit Orden und Auszeichnungen überhäuft und sogar eine Büste wurde angefertigt.

Künstler: Heinz Beberniß, Bronze, 1982
Standort: Hagen

Der alte Ebersberg (Karl Ebersberg, 1826-1893) (📄)

Karl Ebersberg wurde als Sohn eines Lohgerbers geboren und erlernte ebenfalls dieses Handwerk. Mit 35 Jahren wurde er Schank-
wirt und bald durch seine lebenslustige Art und seine deftigen
Späße bekannt. 1870 war er Marktmeister auf dem Wochenmarkt
und eröffnete 10 Jahre später ein Gartenbaugeschäft. Nebenher
ging er auf die Jagd (auf dem Denkmal ist er als Jäger dargestellt).
Viele Geschichten waren über ihn im Umlauf, vor allem aus seiner
Zeit als Wirt.

Künstler: Heinz Beberniß, Bronze, 1982
Standort: Hagen

Zethe Fritz (Fritz Zeth, 1902-1991) ✋

Friedrich Wilhelm Alfred Zeth war ein Allgemeinmediziner in Suhl, der seine Praxis direkt unter seiner Wohnung hatte. So klingelten die Patienten jederzeit an der Wohnungstür, selbst am Sonntag, wenn Zethe mit seiner Familie beim Essen saß. Weil er immer ein offenes Ohr hatte und niemanden abwies, war er sehr beliebt bei den Patienten. Viele Suhler kannten keinen anderen Arzt als ‚Zethe Fritz'. Zu seinem 100. Geburtstag wurde 2002 in der Innenstadt Suhls ein Zethe-Denkmal aufgestellt.

Standort: Steinweg 20

Schlusswort

Ich hoffe, die kleine Sammlung von Denkmälern für städtische Originale ist für die LeserInnen unterhaltsam und anregend. Über Hinweise zu weiteren interessanten Denkmälern würde ich mich freuen. Kommentare zur bestehenden Sammlung sind ebenfalls willkommen. Am besten an:
Richard.deiss@gmail.com

In Landau/Isar gesehen.

Zum Autor

Richard Deiss stammt aus Isny im Allgäu, studierte in den 1980er Jahren in München Geografie und arbeitete ab den 1990er Jahren als Verkehrsplaner und im Bereich der Statistik. Heute lebt er in Kerkrade und Isny. Bei BoD hat er seit 2006 bereits mehr als 70 Titel publiziert, zuletzt neun Bücher zu von ihm besuchten Städten und zwei Wortspielbücher. Zurzeit arbeitet er an einer Buchreihe zu Gedenk- und Informationstafeln (24 Bände geplant).

Seine Bücher sind in dieser Form ungewöhnlich und decken zudem Themengebiete ab, zu denen es bisher wenige Veröffentlichungen gibt. Es ist ihm ein Anliegen, seine Leserschaft damit zu unterhalten, zu erstaunen und zu erheitern.

Anhang

Tabelle 1.
Denkmäler nach Jahren der Erstellung
(Soweit Jahr verfügbar)

Bundesland Zeitraum	RP	Hessen	Saarl	Thür.	Region
Vor 1900	-	1	-	-	1
1900-1945	-	2	-	-	2
1945-1969	-	1	-	-	1
1970-1979	3	-	-	-	3
1980-1989	6	3	-	1	10
1990-1999	3	2	1	-	6
2000-2009	5	4	-	1	10
2010-2019	1	1	-	1	3
2020-	3	3	-	1	7

Tabelle 2: Statistik zu Originale-Denkmälern in Deutschland

Bundesland	In Denk- malen dar- gestellte Originale	Einwoh- nerzahl	Pro 1 Mio Einw.
Erster Band (Aalweber und Zitronenjette) (76)			
Berlin	10	3.7	2.7
Brandenburg	6	2.5	2.4
Mecklenburg-VP	6	1.6	3.8
Sachsen-Anhalt	10	2.2	4.5
Sachsen	3	4.0	0.8
Schleswig-Holstein	5	2.9	1.7
Hamburg	10	1.9	5.3
Bremen	5	0.7	7.1
Niedersachsen	21	8.0	2.6
Zweiter Band (Bienenkönig und Zementgretchen) (78)			
NRW	78	17.9	4.1
-Westfalen	22	4.7	4.7
-Ruhrgebiet	6	5.1	1.0
-Rheinland	50	8.1	5.9
Dritter Band (Knoblauchkönig und Pfefferminzje) (71)			
Rheinland-Pfalz	37	4.1	9.1
Saarland	1	1	1.0
Hessen	27	6.3	4.3
Thüringen	6	2.0	3.0
Vierter Band (Blumepeter und Taubenmarie) (38)			
Baden-Württemberg	15	11.1	1.4
Bayern	23	13.2	1.7
Deutschland	259	83	3.1

(inklusive Gräber, die eigentlich keine Denkmäler sind, darunter.
Berlin: 1, Frankfurt:1, Hamburg: 2, Oberhausen: 1)

Im ersten Band enthaltene Originale
(*„Aalweber und Zitronenjette"*)

Berlin (6)
Berlin: Eckensteher Nante, Heinrich Zille, Hauptmann von Köpenick, Eiserner Gustav, Harfenjule, Agnes Kraus
Brandenburg (6)
Brandenburg Stadt: Fritze Bollmann, **Prenzlau:** Marie Wilhelmine Paasch, **Spremberg:** Mutter Birnbaum, Nachtwächter Kulke, Räuber Lauermann, Schelm Harrie Piel
Mecklenburg-Vorpommern (6)
Grabow: Guste Trahn, **Grimmen:** Otto Pingel, **Rostock:** Michael Tryanowski (Spielmanns-Opa), **Schwerin:** Bertha Klingberg, August Felten, **Ueckermünde:** Fidel Schultz
Hamburg (8)
Hamburg: Zitronenjette, Wasserträger Hummel, Aalweber, Heidi Kabel, Vogeljette, Domenica, Hanne Kleine, Jan Fedder
Schleswig-Holstein (5)
Rendsburg: Stutentrine und Markgraf, **Lübeck:** Otto Timmermann, **Kiel**: Ludwig Goedeke, **Lütjenburg**: Hein Lüth
Bremen (5)
Bremen: Mutter Cordes, Heini Holtenbeen, Fisch-Lucie, **Bremerhaven**: Mutter Matschuk, Hein Mück
Niedersachsen (18)
Bad Fallingbostel: Grefel Dorjen, **Braunschweig**: Hafen-Agnes, Rechen-August, Tee-Onkel, Deutscher Hermann, **Delmenhorst**: Jan Tut, **Emden**: Peterke, **Hannover**: Karoline Duhnsen, **Melle**: Pinsel und Think, **Osnabrück:** Adolf Heinrich Ströker, **Peine**: Schicke-Schacke, **Quakenbrück**: Kessen-Ülk und Minchen, **Salzgitter**: Seppchen Muthig, **Stadtoldendorf:** Juhle Lohler, **Vechta**: Straßenfeger Martin, **Westeroverledingen**: Oll Willm.
Sachsen-Anhalt (10)
Brocken: Hans Steinhoff, **Dessau**: Cristoph Hobusch, **Halle**: Zither-Reinhold, **Magdeburg**: Blutappelsinie, Fliejentutenheinrich, Feuerkäfer, Lusebenecke, Schlackaffe, Affenvater, **Zerbst**: Wasserjette.
Sachsen (3)
Leipzig: Lene Voigt, Seiferts Oskar, **Plauen:** Blumme August

Im zweiten Band enthaltene Originale
(,*Bienenkönig und Zementgretchen*')

NRW (78)
Regierungsbezirk Düsseldorf (außer Ruhrgebiet) (20)
Alpen-Bönnighardt: Blumme-Fritz, **Düsseldorf**: Pastor Jääsch, Angela Spook, **Geldern**: Thei Piepenül, Marelle-Köb, Spül-Leen, Tute Mahnes, **Krefeld**: Cornelius de Greiff, **Meerbusch Lank-Latum**: Stina, Trina, Drickes, **Mönchengladbach**: Waltraud Hamraths, **Viersen**: Tien Anton, **Wesel**: Langer Heinrich, Bienenkönig, **Wülfrath**: Plantenfrau, Stin Mattes, **Wuppertal**: Husch Husch, Zuckerfritz, Tante Hanna.
Regierungsbezirk Köln, außer Stadt Köln (18)
Aachen: Lennet Kann, Bergisch Gladbach: Hexe Köbes, **Bonn**: Jan Loh, **Düren**: Ahle Wölk, Gebrüder Höhn, Laute Die, Schmecke Marie, Ricks Fraasch, Lenzens Zipperä, **Erkelenz**: Appelsbell, **Euskirchen**: Kaare Willi, **Frechen-Hücheln**: Ohm Kress, **Hürten**: Dr. Kürten, **Leverkusen**: Paulinchen, **Merzenich**: Walze Löhr, **Vettweiß**: Josef Gilles, **Villip**: Veronika Schüffelgen.
Stadt Köln (13)
Köln: Willy Millowitsch, De Lasche Nas, Orgels Palm, Fleuten Arnöldche, Jupp Schmitz, Holsteins Marie, Trude Herr, Maler Bock, Lehrer Welsch, Schnüsse Tring, Karl Küpper, Willi Ostermann, Hans Lommerzheim.
Ruhrgebiet (6)
Bochum: Tana Schanzara, **Dortmund**: Wilhelm Wenzel, **Essen**: Günni Semmler, **Gelsenkirchen**: Oma Kinski, **Oberhausen**: Pinkel, **Unna: Nachtwächter Wilhelm.**
Regierungsbezirk Arnsberg (6)
Arnsberg: Butterbettchen, **Eslohe**: Pampel, **Lipppstadt**: Flöten-Ewald, **Schalksmühle**: Kiepenlisettken, **Schmallenberg**: Floigenkaspar, **Wipperfürth**: Fritz Putscher.
Regierungsbezirk Detmold (5)
Bad Lippspringe: Mechanikus, **Halle**: Haller Willem, **Herford**: Mutter Grün, Trompeten Oskar, **Gütersloh**: Güths Mariechen.
Regierungsbezirk Münster (10)
Dülmen: Natz, **Greven**: Pluggen Hiärm, **Lüdinghausen**: Stritzken, Stina Voss, **Münster**: Hermann Johann Landois, Klara Westermann, **Sassenberg**: Adam und Eva, **Stadtlohn**: Jensken de Kütte, **Warendorf**: Ferdinand Bichtler.

Im dritten Band enthaltene Originale

(*„Knoblauchkönig und Pfefferminzje'*)

Hessen (28)
Südhessen (15)
Büdingen: Geisse Milchen, **Darmstadt:** Georg Hahn, **Erbach:** Räibock, **Frankfurt:** Kannix, Davidsburg, Stoltze, Emmanuel de Greco, **Heppenheim:** Lissebärwel, **Idstein:** Harry von de Gass, **Kronberg:** Hanna Feldmann, **Oberursel:** Milch-Nüchter, **Offenbach:** Streichholzkarlche, **Viernheim:** Linsefranz, **Wald-Michelbach:** Raubacher Jockel, **Wiesbaden:** Knoblauchkönig.
Mittelhessen (4)
Herborn: Katzemarie, Heinzsche, Della, **Marburg:** Dienstmann Christian
Nordhessen (9)
Fulda: Papiermännchen Behrend, **Kassel:** Ephesus und Kupille, **Korbach:** Brüder Birkenhauser, Schiff, Stiehl, Becker, Schmalzes Vatter
Rheinland-Pfalz (37)
Region Koblenz (18)
Bad Kreuznach (Brunnen mit 5 O.): Et Gänzje, De Debbede, Brobecks Marri, De Gulasch, Schutzmann Wiechert;   **Boppard:** Schnuggel Elsje, **Cochem:** Et Seijnche, Dä Kohirte; **Eichenbach:** Bläke Fritz, **Koblenz:** Marktfrau Ringelstein, De Resche Hennerich, Spittals Adam, Dä Gummi, Pfefferminzje, **Mayen:** Zuckertoni; **Mülheim-Klärlich:** Maria Baulig, Peter Linden, **Simmern:** Zementgretchen,
Region Trier (13)
Prüm: Welle Kättchen, **Traben-Trarbach:** Joba, **Trier:** Fischer Maathes, Koorscht un Kneisjen, Krons Ton, Wichshänschen, **Wittlich:** (Brunnen mit 6 O): Kunzen Hubertchi, Weinzen Stöffelchi, Kiesjens German, Laubachs Hanni, Kranzen Heliatchi, Mahssen Doartm,
Rheinhessen (2)
Mainz: Geigerfränzje, Onkel Hermann Schneider
Pfalz (4)
Ludwigshafen: Helmshof Friedel, **Kaiserslautern:** Brezeladam, Schachtelmännchen, **Zweibrücken:** s' Luiche.
Saarland (1)
Neunkirchen: Eduard Senz.
Thüringen (6)
Jena: Friedrich Wilhelm Demelius (Bierlatte), Walter Lange, Heinz à Brassard, **Nordhausen:** Prof. Zwanziger, Ebersberg, **Suhl:** Fritz Zeth.

Im vierten Band enthaltene Originale
(*„Blumepeter und Taubenmarie"*)

Baden-Württemberg (13)
Aalen: Brezga Blase und Moreau, **Achern**: Dienstmann Bolian, Becke-Alisi, **Argenbühl**: Schuster-Michel, **Bruchsal**: Babette Ihle, **Heidelberg**: Dienstmann Muck, **Kirchzarten**: Pfaff-Salesi, **Laufenburg**: Adolf Rueb, **Mannheim**: Blumepeter, **Stuttgart-Bad Cannstatt**: Dieter Zaiß, **Ulm**: Griesbadmichel, **Wangen**: Maria Neff.
Bayern (22)
München und Oberbayern (5)
Karl Valentin, Prangerl, Franz Xaver Krenkl, Sigi Sommer, Tauben-Marie, Monaco Franzl, Bally Prell, **Freising**: Roider Jackl
Niederbayern (3)
Deggendorf: Sammer Xidi, Karmann-Schorsch, **Kelheim**: Pölsterl
Oberpfalz (4)
Regensburg: Schmalzler Franz, Krebshaut, Mozartl, Wusti Wusti.
Schwaben (1)
Nonnenhorn: Vogelverscheucher
Franken (9)
Aschaffenburg: Kapperich, **Bamberg**: Humsera, **Coburg**: Gurken Alex, **Lauf**: Heindl Bärbel, Bimberla, Gänskrong, Xaverler, **Neustadt bei Coburg**: Maler Schulz, **Nürnberg**: Marcharedd,

Quellennachweis:

Bilder: Richard Deiss

Idstein und Wiesbaden: J. Fischer-Kottenstede:

Kaiserslautern Schachtelmännchen: Jörg Berkes

Kronberg: Markus Dittrich

Oberursel, Milch-Nüchter: Ricarda Dittrich

Texte: Informationen zu den Texten:

Mehrere Denkmale

Wikipedia (vor allem mit ▤ gekennzeichnete Beiträge)

Vanderkrogt- Statues Hither &Tither
https://statues.vanderkrogt.net/

Kultur.Landschaft.Digital, Kuladig
https://www.kuladig.de/

Spezifische Denkmale

Koblenzer Originale
https://www.rund-um-koblenz.de/originale.html

Dä Gummi, Koblenz
https://www.kuladig.de/Objektansicht/O-103254-20140912-8

Schnuggel Elsje, Boppard
https://www.juttareiss.de/gal/bronze_schnuggelelsje.php?slpos=4

Bläke Fritz, Eichenbach
https://www.eifel.info/a-blaeke-fritz

Maria Baulig, Mülheim-Klärlich
https://www.blick-aktuell.de/Berichte/Marie-Baulig-ist-zurueck-am-Kolpingplatz-552377.html

Welle Kättchen, Prüm

https://www.pruemaktuell.de/nextshopcms/show.asp?lang=de&e1=6&ssid=1&docid=14&eventid=57624

Fährmann Joba, Traben-Trarbach

https://www.volksfreund.de/region/mosel-wittlich-hunsrueck/der-letzte-faehrmann-erinnerung-an-einen-liebenswerten-menschen_aid-5669268

Originalebrunnen, Wittlich

https://www.volksfreund.de/region/mosel-wittlich-hunsrueck/sechs-wittlicher-originale-in-bronze-verewigt_aid-5098769

Onkel Hermann, Mainz

https://mainzer-fastnacht.de/veranstaltungen/sonstiges/enthullung-der-gedenktafel-fur-onkel-hermann-schneider/613

Schachtelmännchen, Kaiserslautern

file:///C:/Users/richd/Downloads/kunst_im_stadtbild.pdf

Geisse Milchen, Büdingen

https://www.facebook.com/buepuz/posts/4728336747211129/

Georg Hahn, Darmstadt

https://www.darmstadt-stadtlexikon.de/h/hahn-georg.html

Emmanuel el Greco

https://www.facebook.com/EmmanueldeGreco/?locale=de_DE

Harry von de Gass, Idstein

„Harry von de Gass" ist in Idstein auch zwölf Jahre nach seinem Tod noch unvergessen (wiesbadener-kurier.de)

Herborner Originale

https://www.herborn-erleben.de/sehen-entdecken/das-muss-man-sehen/persoenlichkeiten/

Milch-Nüchter, Oberursel

https://www.oberurselimdialog.de/der-milch-n%C3%BCchter

Streichholzkarlchen, Offenbach

https://www.offenbach.de/gaeste/sehenswert/veranstaltungen-34/streichholzkarlchen.php

Hanna Feldmann, Kronberg

https://www.taunus-nachrichten.de/kronberg/nachrichten/kronberg/hanna-feldmann-vereine-stadt-setzen-kronberger-original-denk-id151532.html

Linsefran, Viernheim

https://viernheimer-seite-historie.jimdofree.com/v%C3%A4nnema-gschischde-1/

Knoblauchkönig, Wiesbaden

https://de.wikipedia.org/wiki/Waldemar_Reichhard

Weitere Bücher des Autors bei books on demand, www.bod.de

in der Reihe **Originale** (alle Norderstedt 2024)

Aalweber und Zitronenjette
Städtische Originale im Norden und Osten Deutschalnds und ihre Denkmäler
Norderstedt 2024

Bienenkönig und Zementgretchen
Städtische Originale im tiefen Westen Deutschlands und ihre Denkmäler
Norderstedt 2024

Blumepeter und Taubenmarie
Städtische Originale im Süden Deutschlands und ihre Denkmäler
Norderstedt 2024

Dikke Pie und Waluliso
Denkmäler für Originale in Europa
Norderstedt 2024

**Die größte Stadtoriginale-Denkmalsammlung
der Welt !**